Elefantes africanos

Grace Hansen

Abdo Kids Jumbo es una subdivisión de Abdo Kids
abdobooks.com

abdobooks.com

Published by Abdo Kids, a division of ABDO, P.O. Box 398166, Minneapolis, Minnesota 55439.

Abdo Kids Jumbo™ is a trademark and logo of Abdo Kids.

102018

012019

Spanish Translator: Maria Puchol

Photo Credits: iStock, Shutterstock

Production Contributors: Teddy Borth, Jennie Forsberg, Grace Hansen

Design Contributors: Dorothy Toth, Laura Mitchell

Library of Congress Control Number: 2018953947

Publisher's Cataloging-in-Publication Data

Names: Hansen, Grace, author.

Title: Elefantes africanos / by Grace Hansen.

Other title: African elephants

Description: Minneapolis, Minnesota : Abdo Kids, 2019 | Series: Especies extraordinarias | Includes online resources and index.

Identifiers: ISBN 9781532184062 (lib. bdg.) | ISBN 9781532185144 (ebook)

Subjects: LCSH: African elephant--Juvenile literature. | Body size--Juvenile literature. | Animals--Size--Juvenile literature. | Animal Behavior--Juvenile literature. | Spanish language materials--Juvenile literature.

Classification: DDC 599.61096--dc23

Contenido

El animal más grande de la Tierra 4

Alimentación 16

Crías de elefantes africanos 20

Más datos 22

Glosario 23

Índice 24

Código Abdo Kids 24

El animal más grande de la Tierra

Los elefantes africanos son la **especie** más grande de elefantes. ¡Son también el animal terrestre más grande de todos!

Los elefantes africanos pueden llegar a medir 13 pies (4.0 m) de altura. Es decir, más alto que una canasta de baloncesto de la liga NBA.

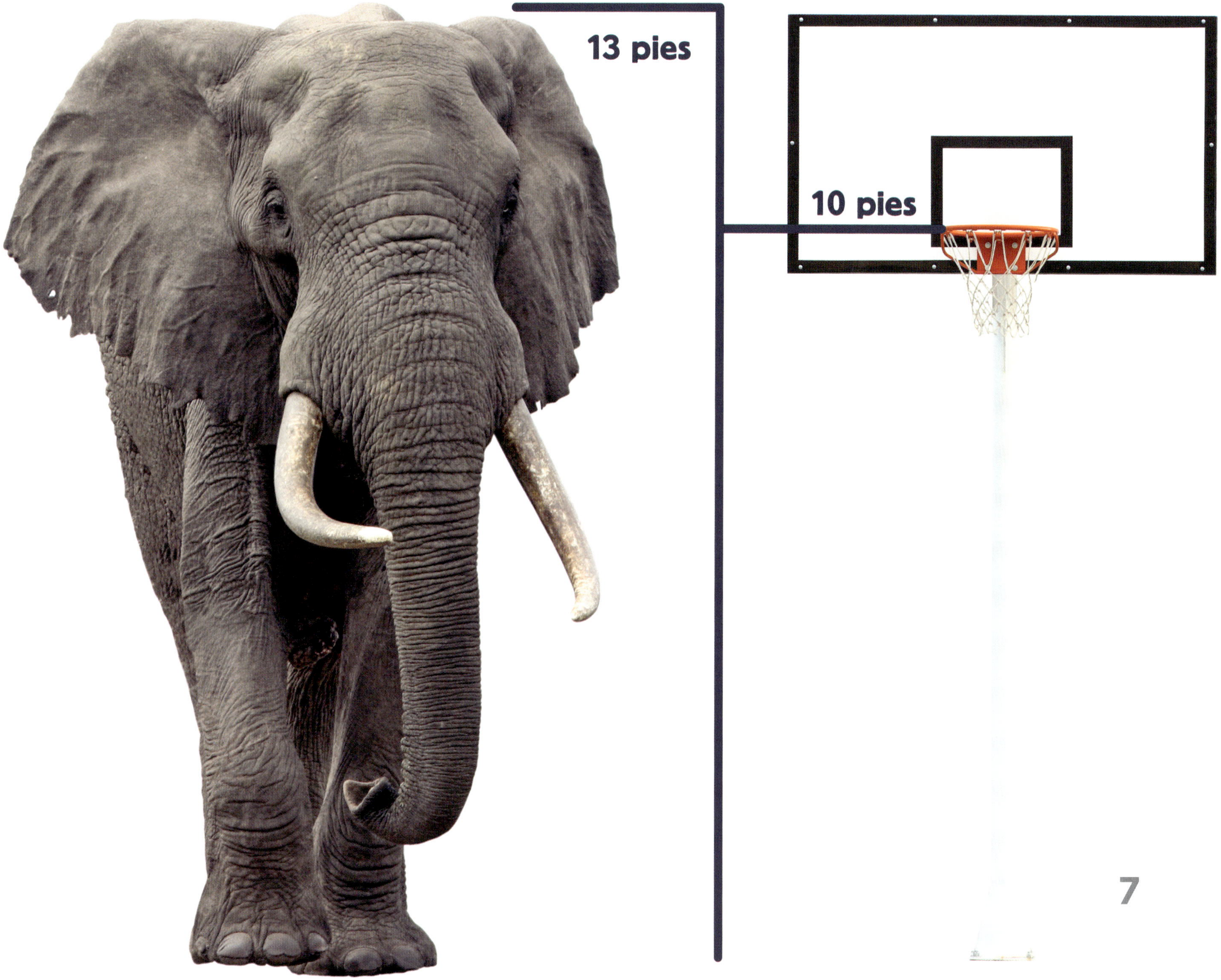

13 pies

Los elefantes africanos pueden medir hasta 24 pies (7.3 metros) de largo. ¡Más que un coche!

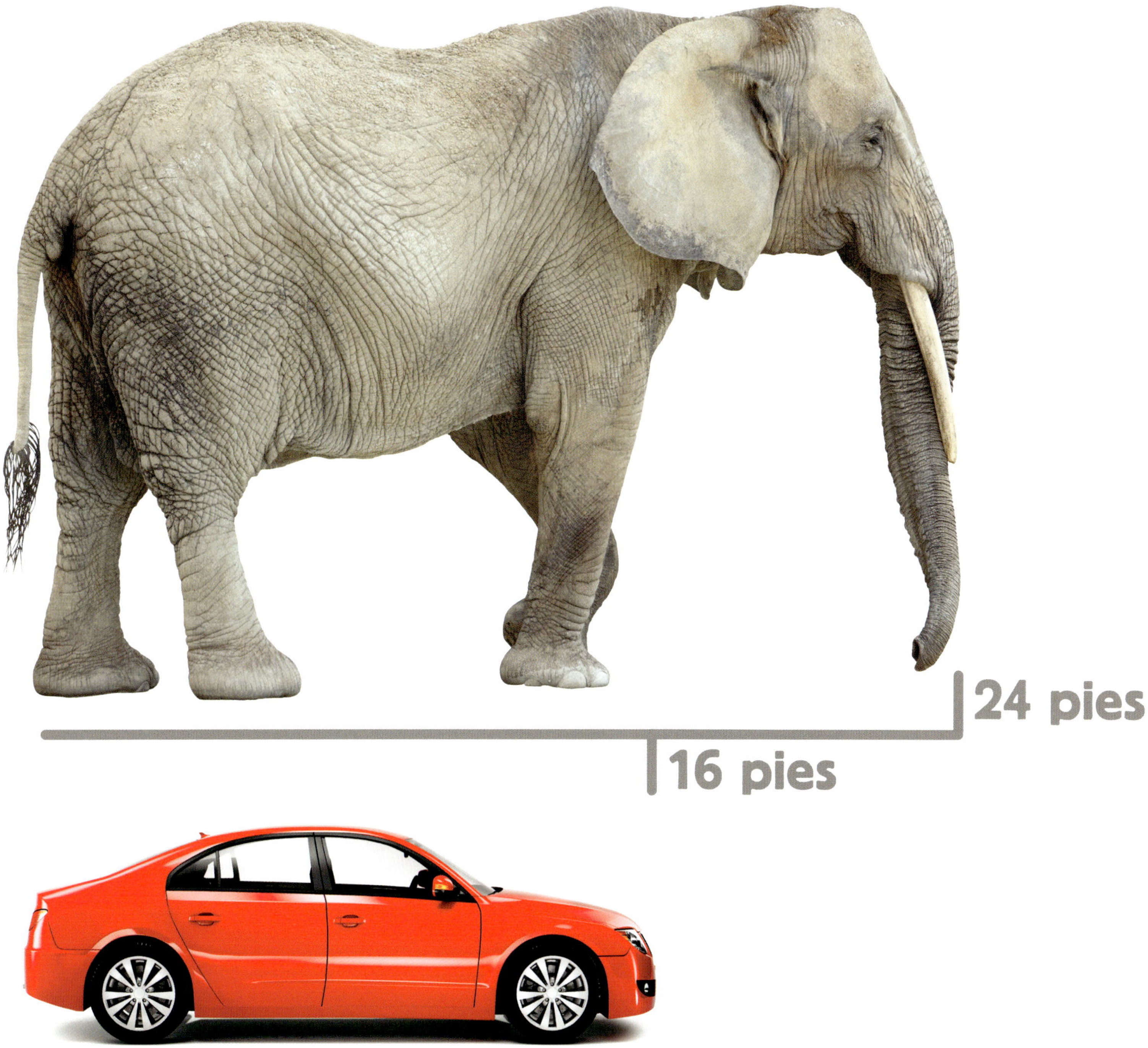

24 pies

16 pies

Un elefante africano puede llegar a pesar 14,000 libras (6,350 kg). ¡Eso es más que 33 leones macho juntos!

1
33

Tienen las orejas muy grandes.

El sol africano calienta mucho.

Sus orejas les ayudan a aliviar

el calor de sus cuerpos.

Los elefantes africanos tienen trompas. ¡Las trompas pueden medir hasta 7 pies (2.1 m) de largo! Las usan para oler, respirar, beber y hacer ruido.

Alimentación

También usan la trompa para agarrar la comida y alimentarse. A los elefantes africanos les gusta comer pasto, fruta, **corteza** de los árboles y otras plantas.

¡Comen mucho! Tienen que comer al menos 300 libras (136 kg) cada día.

Crías de elefantes africanos

Las hembras dan a luz una **cría** cada dos a cuatro años. Las crías miden unos 3 pies (0.9 m) de altura. ¡Ya pesan 200 libras (91 kg) al nacer!

Más datos

- Los elefantes africanos son un poco más grandes que los elefantes asiáticos. Además, el elefante africano de la sabana es más grande que el elefante africano del bosque.

- Tanto los machos como las hembras de los elefantes africanos tienen colmillos grandes. Les sirven para cavar. Los machos los usan para pelear.

- La trompa de un elefante tiene unos 100,000 músculos diferentes.

Glosario

corteza – cubierta exterior de los tallos, ramas y raíces de las plantas.

cría – elefante bebé.

especie – grupo específico de animales con similitudes entre ellos y capacidad de reproducirse.

Índice

África 12

alimentación 16, 18

altura 6, 20

crías 20

especie 4

longitud 8

orejas 12

peso 10, 20

trompa 14, 16

¡Visita nuestra página **abdokids.com** y usa este código para tener acceso a juegos, manualidades, videos y mucho más!